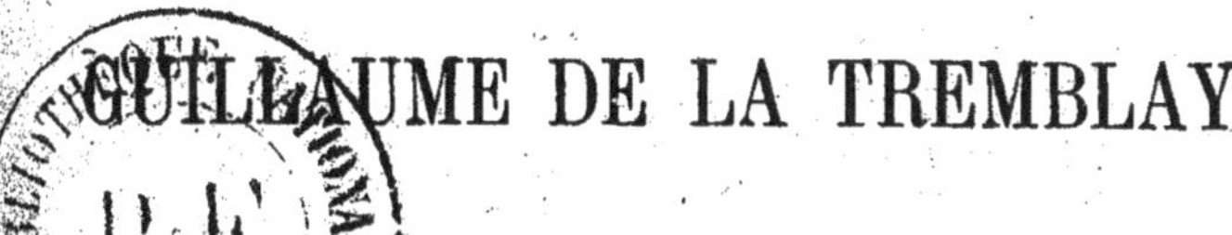

GUILLAUME DE LA TREMBLAYE

GUILLAUME

DE

LA TREMBLAYE

SCULPTEUR ET ARCHITECTE

1644-1715

PAR

M. L'ABBÉ PORÉE

CURÉ DE BOURNAINVILLE

INSPECTEUR DE LA SOCIÉTÉ FRANÇAISE D'ARCHÉOLOGIE

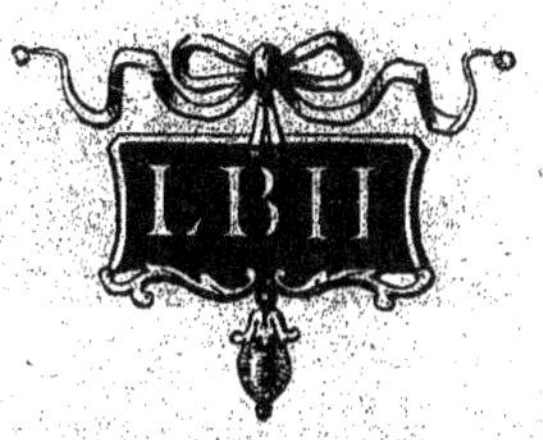

CAEN

TYP. F. LE BLANC-HARDEL, LIBRAIRE

RUE FROIDE, 2 ET 4

—

1884

Extrait de l'Annuaire normand. — Année 1884.

GUILLAUME DE LA TREMBLAYE

SCULPTEUR ET ARCHITECTE

1644-1715

———————❦————————

Si l'on a beaucoup écrit sur les Bénédictins savants, on a moins parlé des Bénédictins artistes. C'était juste. L'érudition, la critique historique, la paléographie, étaient grandement redevables aux religieux de la Congrégation de Saint-Maur; et des hommes, dont la louange est un honneur insigne (1), ont acquitté depuis longtemps la dette de la postérité envers la mémoire de d'Achéry, de Mabillon, de Ruinart, de Montfaucon, de Bouquet, de Tassin et de tant d'autres dont les noms sont dans toutes les mémoires.

De tels services rendus aux lettres ne doivent cependant pas faire oublier d'autres travaux, d'un ordre moins élevé, mais conçus et exécutés par des esprits distingués, accessibles aux attraits du beau dans ses plus nobles ma-

---

(1) Sur les travaux des Bénédictins, voyez B. Guérard, *Polyptyque de l'abbé Irminon*, I, 7. — L. Delisle, *Le Cabinet des manuscrits*, II, 59. — A. Deulier, *Archives des Missions scientifiques*, VI, 241-306.

nifestations. Les Bénédictins, avec cet esprit large qui caractérise leurs constitutions, n'ont pas manqué de cultiver et d'encourager la vocation de ceux de leurs membres que Dieu avait doués d'aptitudes particulières pour la pratique des arts. Et c'est grâce à cette judicieuse méthode que leur ordre a pu compter des architectes, des sculpteurs, des peintres, des musiciens, des facteurs d'orgues, dont la liste serait intéressante à dresser. Ce n'est point le but que nous nous proposons aujourd'hui. Nous voulons seulement parler de l'un de ces artistes qui appartient à la Normandie, qui a surtout travaillé pour sa province, et que ses contemporains ont regardé comme un grand architecte : Guillaume de La Tremblaye.

Assurément ce nom n'est pas celui d'un inconnu ; mais nous ne savons pourquoi l'on n'a pas encore cherché à réunir les divers documents que l'on possède sur lui. Plusieurs écrivains ont signalé ses travaux ; aucun ne s'est enquis d'où il venait, quel était son pays natal, quelles furent ses premières œuvres. C'est cette lacune que nous tentons de combler. Nous ne nous dissimulerons pas que notre travail est loin d'être complet ; mais nous espérons qu'il pourra servir de jalon et aider ceux qui voudraient faire du moine architecte, ainsi que de ses œuvres, une étude approfondie et définitive.

Guillaume de La Tremblaye est né à Bernay. Ce point d'histoire locale nous paraît mis hors de doute par la mention qu'en fait la Matricule de la Congrégation de Saint-Maur (1), qui donne pour patrie à Guillaume de La Tremblaye, Bernay au diocèse de Lisieux. Les registres

(1) Bibl. Nat., ms. lat., 12797, fol. 229 v°.

de catholicité de Notre-Dame-de-la-Couture, conservés aux Archives municipales de Bernay, ne renferment pas l'acte de baptême de Guillaume. Ceux de la paroisse de Sainte-Croix sont fort incomplets pour la période qui nous intéressait. De l'année 1640, il n'existe que les premiers mois, jusqu'au 15 juin inclusivement, et à partir de cette date il y a une lacune qui se prolonge jusqu'en 1650. Le double des registres déposé au greffe civil ne commence qu'à l'année 1674. A défaut de cette pièce, qui nous eût été si précieuse, nous avons le registre matriculaire de la Congrégation de Saint-Maur qui constate que Guillaume fit profession, comme religieux convers, à l'âge de vingt-cinq ans, le 9 mars 1669, dans l'abbaye du Bec. Ce serait donc à l'année 1644 qu'il faudrait rapporter la naissance de notre artiste.

Nous n'avons aucun renseignement sur l'enfance et l'adolescence du jeune Guillaume de La Tremblaye. Fut-il élevé à l'abbaye de Bernay ? Reçut-il de quelque religieux ses premières leçons de dessin et de géométrie ? Nous inclinerions à le croire. Agé seulement d'une vingtaine d'années, Guillaume était déjà un sculpteur habile, et il eût pu faire brillante figure dans le monde. Or, on le voit à vingt-cinq ans, dans la pleine possession de son précoce talent, se faire religieux convers dans la Congrégation de Saint-Maur. Nous soupçonnons là un effet de la gratitude du jeune sculpteur, qui voulut mettre humblement au service de ceux auxquels il devait peut-être sa vocation d'artiste, les talents que Dieu lui avait libéralement départis, et qui l'eussent mis, dans le siècle, sur le chemin des honneurs et de la fortune.

La première œuvre où nous trouvons le nom de Guillaume de La Tremblaye est le cloître de l'abbaye du Bec. La sculpture seule doit être attribuée à notre jeune artiste. Elle accuse un ciseau large, robuste, mais un peu lourd. Chose remarquable, ces qualités et ces défauts se retrouveront dans la plupart des œuvres de La Tremblaye. On lit à l'un des angles du cloître, à l'extérieur, ces mots : G. LATREMBLAYE SCVLPTEVR A BERNAY, 1666. Il avait alors vingt-deux ans et il résidait à Bernay. Les moines du Bec ayant vu l'artiste à l'œuvre, et devinant peut-être sa vocation religieuse, le décidèrent à faire profession dans leur monastère. Ils espéraient, en l'attachant à leur maison, pouvoir lui confier les grands travaux qu'ils projetaient pour leur splendide église.

Guillaume de La Tremblaye, après avoir fait profession au Bec, le 9 mars 1669, paraît néanmoins avoir passé ses premières années de vie religieuse au couvent des Bénédictins de Bernay. Les *Mémoires pour servir à l'histoire de l'abbaye du Bec* (1) nous apprennent que l'autel de St-Pierre fut achevé, en 1678, par les soins du frère Guillaume de La Tremblaye, « religieux convers « de la maison de Bernay. » Il avait déjà, en 1675, « conduit l'ouvrage de la chaire du prédicateur. » On trouve dans les comptes des trésoriers de Sainte-Croix de Bernay pour l'année 1679 la preuve de la présence, durant ces années, de frère Guillaume dans sa ville natale. Les fabriciens de Sainte-Croix avaient confié, en 1674, à un sculpteur nommé Michel Girard (2), la façon

______

(1) Sur ces *Mémoires*, voyez *L'Abbaye du Bec au XVIIIe siècle*, p. 12.

(2) Michel Girard, sculpteur à Bernay, est souvent désigné dans les comptes du trésor de Courbépine sous le nom de Provençal. En

des stalles de leur église : Guillaume de La Tremblaye
fut prié par les trésoriers et le sculpteur lui-même d'exa-
miner le travail, ce qu'il fit à deux reprises, la dernière
au mois d'octobre 1677 (1).

Les nombreux travaux que Guillaume de La Tremblaye
exécuta dans l'église abbatiale du Bec, de 1680 à 1684,
feraient supposer qu'il reçut à cette époque une obé-
dience pour cette maison. En 1680, il exécuta l'autel des
Vierges avec cinq statues de la Sainte-Vierge, de sainte
Magdeleine, de sainte Honorine, de sainte Catherine et
de sainte Marguerite. En 1681, il termina l'autel de
St-Martin, ainsi que les statues de saint Martin, de saint
Nicolas et de saint Charles, patron de messire Charles
Lemaire, des anciens religieux de l'ordre du Bec, qui

1688, on trouve cette mention : « Payé au sieur provençal, qui a
« fait deux otels à arcade et un crucifix, 480 livres. » A l'appui du
compte de 1696 se trouve la quittance suivante : « J'ay soubsigné
« Michel Girard, sculpteur, demᵗ à Bernay, confesse avoir receu de
« Charles Le Velain, trésorier du trésor de Courbespine, la somme de
« quattre cents quattre vingt livres pour les hostels que j'ay faits en
« lad. église de Courbespine, dont j'ay baillé acquitz, lesquels avec le
« présent ne vaudront que pour un sœul et mesme effait. Fait ce
« saiziesme septembre mviᵉ quattre vingt dix. — Signé : Michel
« Girard. » — Note communiquée par M. Alfred Réautey.

(1) On lit page 99 : « Un escript en papier de visite rendue par le
« R. P. Guillaume de La Tremblaie, religieux de l'ordre de St-Benoît,
« pour voir l'augmentation faite par Michel Girard, sculpteur; recours
« audit escript. » Et à la page 100 : « Une quittance de Michel Girard,
« sculpteur, de 142 livres, en date du 6 octobre 1677, entre lesdits
« trésoriers et Michel Girard, sculpteur, comme ils conviennent du
« père Guillaume de La Tremblaye pour faire la visite des chaizes de
« l'église. » — Archives municipales de Bernay. Comptes des trésoriers
de la fabrique de Sainte-Croix, année 1679 : inventaire des titres.

avait contribué à cette décoration pour une somme considérable (1).

« On posa en 1683, disent les mêmes Mémoires, le
« bel autel de la chapelle St-Alexis, la dernière qui
« restât à orner..... Le dessin et la figure de cette cha-
« pelle sont de frère La Tremblaye (2). » Selon Toussaint
Duplessis, cette chapelle était la plus belle de toutes (3).

Le moine sculpteur termina cette première série de
travaux par une œuvre plus importante, le grand autel,
dont la première pierre fut posée le 6 novembre 1683.
Il fut achevé pour l'anniversaire de la dédicace de
l'église, 14 septembre 1684; toutefois, les dorures ne
furent terminées qu'en 1687 (4). « C'est un moine convers
« du monastère, dit Toussaint Duplessis, nommé Guil-
« laume de La Tremblaye, qui en a donné le dessin et
« qui l'a fait exécuter (5). » On peut voir dans l'église
Ste-Croix de Bernay cette œuvre-maîtresse du sculpteur.
La statue de l'Enfant-Jésus couché dans la crèche, placée
sur le tabernacle, est une adorable figure de marbre
blanc; malheureusement il nous paraît impossible d'y
reconnaître le ciseau de notre sculpteur, qui n'a pas
connu cette souplesse et cette grâce vraiment merveil-
leuses.

Vers cette même époque, c'est-à-dire en 1684, Guillaume de La Tremblaye fut appelé par le prieur de

(1) *Mémoires pour servir*, etc.
(2) *Ibid.*
(3) *Description de la Haute-Normandie*, II, p. 281.
(4) *Mémoires pour servir*, etc.
(5) *Descript. de la Haute-Normandie*, II, 279.

St-Ouen de Rouen pour « disposer dans son église la « chapelle de Notre-Dame-de-Liesse (1). »

Il restait dans l'église du Bec plusieurs chapelles dont l'ornementation ne répondait pas au style de celles qu'avait transformées frère La Tremblaye, quelques années auparavant. La communauté décida que l'on achèverait cette décoration sur un plan uniforme, et, en 1691, le moine convers exécuta les plans qu'il avait préparés pour la chapelle de St-Jean-Baptiste, et celle de St-Michel, en 1694. Il avait également achevé à cette époque l'autel de la chapelle de la Sainte-Vierge, que l'on peut voir aujourd'hui dans l'église de Brionne. C'était une sorte de réduction du maître-autel (2).

Enfin, en 1699, il fit son dernier ouvrage à l'église du Bec en construisant un jubé en marbre jaspé, avec les statues de saint Benoît et de saint Maur, et surmonté d'un fort beau crucifix en bois qui se trouve aujourd'hui dans l'église Ste-Croix de Bernay. Toussaint Duplessis a donné une description détaillée de ce jubé (3), dont il ne reste aujourd'hui que des fragments méconnaissables.

Guillaume de La Tremblaye fut un dessinateur habile. Si les nombreux plans et croquis qu'il avait exécutés lui-

(1) Voyez une note de M. Charles de Beaurepaire lue à la Commission des Antiquités de la Seine-Inférieure; tome V, 1880, page 80.

(2) « Le tour des chapelles n'est pas moins digne (que le jubé) de « la curiosité des connoisseurs; on n'a épargné ni le marbre, ni le « travail; il n'y a cependant que le côté de l'évangile qui soit parfait. « On voit sept chapelles de suite sans aucun vuide, toutes du dessin « du même frère de La Tremblaic. » *Descript. de la Haute-Normandie*, II, 280.

(3) *Descript. de la Haute-Normandie*, II, 280.

même en vue de ses travaux d'architecture ont disparu,
il nous reste quelques vues d'abbayes que dom Michel
Germain lui avait demandées pour son *Monasticon gallicanum.* « Frère Guillaume de La Tremblaye, dit M. Louis
« Courajod, dessina pour la Normandie des planches qui
« semblent révéler un artiste, surtout celle de Ju-
« mièges..... Trois estampes sont signées de son nom :
« ce sont les vues des abbayes de Jumièges, 1678, de
« St-Pierre de Préaux, 1683, et une des deux planches
« de la Trinité de Vendôme, celle de 1683 (1). Les vues
du Bec, 1677, et de Bernay, 1687, peuvent également
lui être attribuées. On y retrouve son crayon minutieux
et précis et une connaissance approfondie de la perspective, qualité qui ne brille pas généralement dans les
vues à vol d'oiseau du *Monasticon gallicanum.*

Les dernières années de Guillaume de La Tremblaye
furent consacrées à d'importantes constructions. En 1705,
il dirigea, avec dom Jean Barré, des travaux d'architecture
dans l'église de St-Germain–des-Prés (2). On lui attribue
les plans des bâtiments conventuels de la Trinité de
Caen, de St-Denis en France, des Mathurins de Lisieux
et ceux d'une partie de St-Désir de la même ville. Nous
n'avons pu vérifier l'exactitude de ces attributions ac-
ceptées par plusieurs écrivains (3). Ce qu'il y a de certain,
c'est qu'en 1704 il entreprit la reconstruction de la façade

(1) L. Courajod. — Le *Monasticon gallicanum.* Paris, 1869, p. 16.

(2) L. Courajod, Le *Monasticon gallicanum.* Paris, 1869, p. 16.

(3) Bouet, *Analyse architecturale de St-Étienne de Caen,* p. 167.—
H'ppeau, *L'Abbaye de St-Étienne,* p. 295.— De Caumont, *Statistique
monumentale du Calvados,* V. — Lance, *Dictionnaire des architectes
français,* II, 17.

orientale des bâtiments de St-Étienne de Caen , sur
l'emplacement du chapitre , de l'ancien dortoir et de la
chapelle de l'infirmerie. Les travaux étaient conduits par
le sieur Bayeux , ingénieur du Roi. On voit , dans le Registre des délibérations capitulaires , qu'en 1710 « le
« nouveau bâtiment du monastère était déjà commencé,
« en tant que du dortoir d'un costé du cloistre et de
« l'escalier du réfectoire, dont les fondements étaient
« entièrement faits et plusieurs assises des murs posées,
« lorsque, sur quelques remontrances qu'on luy a faites,
« frère Guillaume de La Tremblaye a envoyé de Paris
« un nouveau plan, approuvé du très Révérend Père
« supérieur général, dans lequel se trouvent quelques
« changements au fait de l'escalier de l'église, de la
« sacristie, du chapitre et d'une petite salle qui est entre
« ledit chapitre et le vestibule. » Mais comme cela eût
engagé la communauté à faire quelques nouveaux fondements, et que d'ailleurs le supérieur général, tout en
approuvant ces changements, ne donnait pas l'ordre de
s'y conformer, la communauté décida qu'elle s'en tien-
drait au premier plan. Les travaux furent poussés avec
activité, et dès 1711 on commençait à monter les char-
pentes, et en 1712 on sculptait les armes et figures du
grand fronton (1). Cette aile, qui faisait suite au transept
méridional , fut seule bâtie sous la direction personnelle
de Guillaume de La Tremblaye (2). L'illustre religieux

(1) Bouet, *Analyse architecturale de St-Étienne de Caen*, p. 168.

(2) Il est fort probable que Guillaume de La Tremblaye fit un plan
général de reconstruction des bâtiments de St-Étienne. La pénurie
d'argent où se trouva la communauté ne permit de réaliser ce vaste
projet que dans la seconde moitié du XVIIIᵉ siècle. On conserve aux

était mort à St-Étienne de Caen, le 9 janvier 1715 (1),
à l'âge de 71 ans : sa carrière artistique avait duré un
demi-siècle.

Il est assez difficile de porter un jugement d'ensemble
sur les œuvres fort diverses de Guillaume de La Tremblaye. Disons d'abord qu'il ne faut pas s'étonner d'y
rencontrer les défauts du siècle auquel elles appartien-
nent. Les plus grands architectes de l'époque de Louis XIV
n'avaient nullement hérité de la grâce, du bon goût, en

Archives départementales du Calvados, dans la salle dite des Cartes, un
immense plan des bâtiments tant construits que projetés ; il fut tracé, en
1757, par un religieux de la Congrégation de St-Maur, Dom Miserey,
comme nous l'apprend ce titre même du plan :

EN L'AN 1757

PLAN

GÉNÉRAL DE L'ÉGLISE

DES BATIMENTS ET JARDINS ; TANT

ANCIENS QUE NOUVEAUX, QUE PRO-

JETTÉS, DE L'ABBAYE ROYALLE

DE ST-ÉTIENNE DE CAEN.

Delineata à domno J. P. C. Miserey,
Rel. bened.

D. Miserey est-il l'auteur du plan qu'il a tracé, ou bien a-t-il sim-
plement reproduit un projet plus ancien dressé par Guillaume de La
Tremblaye ? Nous pencherions vers cette seconde hypothèse ; et, dans
ce cas, peut-être faudrait-il voir le portrait de Guillaume de La Tremblaye dans la figure du moine émergeant des nuages, tenant, de la
main droite, une règle, et de la gauche une pancarte sur laquelle se
trouve l'indication du plan de 1757. Ç'aurait été un hommage rendu
par D. Miserey à celui qui fut son premier maître.

(1) *Matricule de la Congrégation de St-Maur*, Bibl. nat., ms. lat.
12797, p. 230.

un mot, du noble génie de la Renaissance. La colonnade du Louvre, les Invalides, Versailles ne supporteraient pas la comparaison avec Chambord, Chenonceaux, Villers-Cotterets et tant d'autres châteaux où l'art des constructions civiles a trouvé son expression la plus heureuse. Il semble qu'au XVIIe siècle on ait avant tout visé au solennel, au grandiose, et quand on l'a atteint, ça été presque toujours au détriment de la proportion et de la perspective. Sous le bénéfice de cette observation, nous pouvons dire que le bénédictin de Bernay peut prendre place près des Libéral Bruand, des Levau et des Boffrand, et que les bâtiments qu'il a élevés à St-Étienne de Caen lui assurent un rang honorable parmi les architectes de son temps.

Les œuvres du sculpteur sont plus nombreuses : le cloître du Bec, le grand autel et plusieurs autels secondaires, la chaire à prêcher, un certain nombre de statues témoignent de son talent; la chaire de l'église du Bec, que l'on peut voir dans la cathédrale d'Évreux, nous semble particulièrement remarquable, et les figures d'anges, en forme de consoles, qui supportent la tribune, les bas-reliefs sculptés sur les faces octogonales accusent un ciseau sévère, large et plein de hardiesse. Dans toutes ses œuvres sculptées on retrouve l'architecte qui cherche avant tout l'effet général, la grandeur des lignes, l'harmonie de l'ensemble, et qui n'hésite pas à sacrifier quelques détails secondaires à l'idée principale qu'il veut exprimer.

En résumé, Guillaume de La Tremblaye fut de la race de ces artistes personnels, aux grandes conceptions, au talent parfois inégal mais toujours fécond, qui s'imposent à l'attention parce qu'ils ont exercé autour d'eux plus d'influence qu'ils n'en ont subi. A ce titre, son nom méritait d'être quelque peu remis en lumière, en attendant qu'une justice plus complète soit rendue à cet artiste normand, à ce digne compatriote des Anguier (1) et des Blondel (2).

(1) Anguier (François), né à Eu, en 1604, mort en 1669. — Anguier (Michel), né à Eu, le 28 septembre 1612, mort le 11 juillet 1686.

(2) Blondel (François), né à Rouen en 1683. — Blondel (Jacques-François), né à Rouen, le 8 janvier 1705, mort le 9 janvier 1774.

Caen, Typ. F. Le Blanc-Hardel.

GUILLAUME

DE

LA TREMBLAYE

SCULPTEUR ET ARCHITECTE

1644-1715

PAR

M. L'ABBÉ PORÉE

CURÉ DE BOURNAINVILLE

INSPECTEUR DE LA SOCIÉTÉ FRANÇAISE D'ARCHÉOLOGIE

CAEN

TYP. F. LE BLANC-HARDEL, LIBRAIRE

RUE FROIDE, 2 ET 4

1884

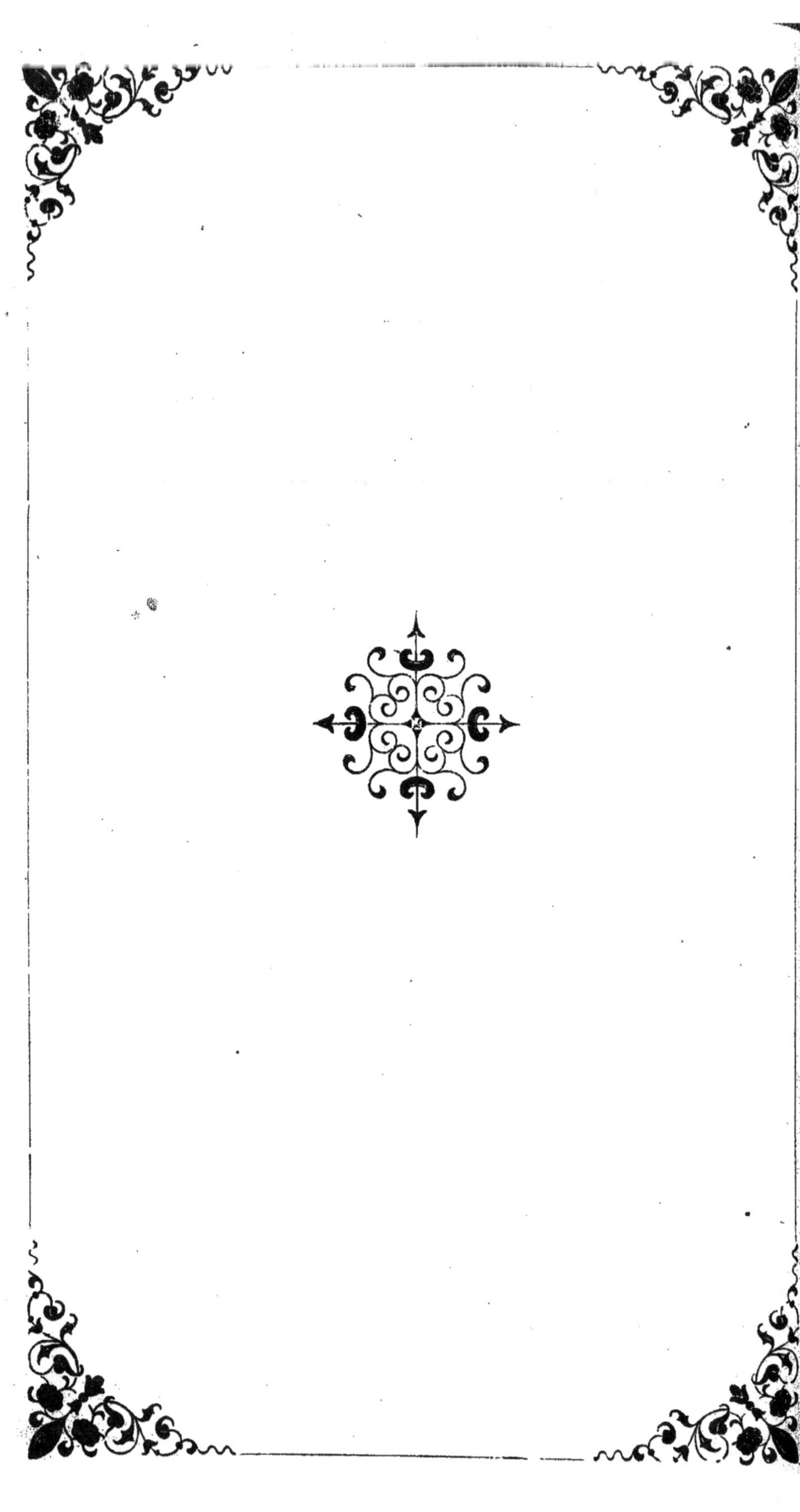